中华人民共和国
市场主体登记管理条例

中国法制出版社

目　　录

中华人民共和国国务院令

第 746 号

《中华人民共和国市场主体登记管理条例》已经2021 年4 月 14 日国务院第 131 次常务会议通过，现予公布，自 2022 年3 月 1 日起施行。

总理　李克强

2021 年 7 月 27 日

中华人民共和国
市场主体登记管理条例

第一章　总　　则

第一条　为了规范市场主体登记管理行为，推进法治化市场建设，维护良好市场秩序和市场主体合法权益，优化营商环境，制定本条例。

第二条　本条例所称市场主体，是指在中华人民共和国境内以营利为目的从事经营活动的下列自然人、法人及非法人组织：

（一）公司、非公司企业法人及其分支机构；

（二）个人独资企业、合伙企业及其分支机构；

（三）农民专业合作社（联合社）及其分支机构；

（四）个体工商户；

（五）外国公司分支机构；

（六）法律、行政法规规定的其他市场主体。

第三条　市场主体应当依照本条例办理登记。未经登记，不得以市场主体名义从事经营活动。法律、行政法规规定无需办理登记的除外。

市场主体登记包括设立登记、变更登记和注销登记。

第四条　市场主体登记管理应当遵循依法合规、规范统一、公开透明、便捷高效的原则。

第五条　国务院市场监督管理部门主管全国市场主体登记管理工作。

县级以上地方人民政府市场监督管理部门主管本辖区市场主体登记管理工作，加强统筹指导和监督管理。

第六条　国务院市场监督管理部门应当加强信息化建设，制定统一的市场主体登记数据和系统建设规范。

县级以上地方人民政府承担市场主体登记工作的部门（以下称登记机关）应当优化市场主体登记办理流程，提高市场主体登记效率，推行当场办结、一次办结、限时办结等制度，实现集中办理、就近办理、网上办理、异地可办，提升市场主体登记便利化程度。

第七条　国务院市场监督管理部门和国务院有关部门应当推动市场主体登记信息与其他政府信息的共享和运用，提升政府服务效能。

第二章　登 记 事 项

第八条　市场主体的一般登记事项包括：

（一）名称；

（二）主体类型；

（三）经营范围；

（四）住所或者主要经营场所；

（五）注册资本或者出资额；

（六）法定代表人、执行事务合伙人或者负责人姓名。

除前款规定外，还应当根据市场主体类型登记下列事项：

（一）有限责任公司股东、股份有限公司发起人、非公司企业法人出资人的姓名或者名称；

（二）个人独资企业的投资人姓名及居所；

（三）合伙企业的合伙人名称或者姓名、住所、承担责任方式；

（四）个体工商户的经营者姓名、住所、经营场所；

（五）法律、行政法规规定的其他事项。

第九条　市场主体的下列事项应当向登记机关办

理备案：

（一）章程或者合伙协议；

（二）经营期限或者合伙期限；

（三）有限责任公司股东或者股份有限公司发起人认缴的出资数额，合伙企业合伙人认缴或者实际缴付的出资数额、缴付期限和出资方式；

（四）公司董事、监事、高级管理人员；

（五）农民专业合作社（联合社）成员；

（六）参加经营的个体工商户家庭成员姓名；

（七）市场主体登记联络员、外商投资企业法律文件送达接受人；

（八）公司、合伙企业等市场主体受益所有人相关信息；

（九）法律、行政法规规定的其他事项。

第十条 市场主体只能登记一个名称，经登记的市场主体名称受法律保护。

市场主体名称由申请人依法自主申报。

第十一条 市场主体只能登记一个住所或者主要经营场所。

电子商务平台内的自然人经营者可以根据国家有关规定，将电子商务平台提供的网络经营场所作为经营场所。

省、自治区、直辖市人民政府可以根据有关法律、行政法规的规定和本地区实际情况，自行或者授权下级人民政府对住所或者主要经营场所作出更加便利市场主体从事经营活动的具体规定。

第十二条　有下列情形之一的，不得担任公司、非公司企业法人的法定代表人：

（一）无民事行为能力或者限制民事行为能力；

（二）因贪污、贿赂、侵占财产、挪用财产或者破坏社会主义市场经济秩序被判处刑罚，执行期满未逾5年，或者因犯罪被剥夺政治权利，执行期满未逾5年；

（三）担任破产清算的公司、非公司企业法人的法定代表人、董事或者厂长、经理，对破产负有个人责任的，自破产清算完结之日起未逾3年；

（四）担任因违法被吊销营业执照、责令关闭的公司、非公司企业法人的法定代表人，并负有个人责任的，自被吊销营业执照之日起未逾3年；

（五）个人所负数额较大的债务到期未清偿；

（六）法律、行政法规规定的其他情形。

第十三条　除法律、行政法规或者国务院决定另有规定外，市场主体的注册资本或者出资额实行认缴登记制，以人民币表示。

出资方式应当符合法律、行政法规的规定。公司股东、非公司企业法人出资人、农民专业合作社（联合社）成员不得以劳务、信用、自然人姓名、商誉、特许经营权或者设定担保的财产等作价出资。

第十四条 市场主体的经营范围包括一般经营项目和许可经营项目。经营范围中属于在登记前依法须经批准的许可经营项目，市场主体应当在申请登记时提交有关批准文件。

市场主体应当按照登记机关公布的经营项目分类标准办理经营范围登记。

第三章 登记规范

第十五条 市场主体实行实名登记。申请人应当配合登记机关核验身份信息。

第十六条 申请办理市场主体登记，应当提交下列材料：

（一）申请书；

（二）申请人资格文件、自然人身份证明；

（三）住所或者主要经营场所相关文件；

（四）公司、非公司企业法人、农民专业合作社（联合社）章程或者合伙企业合伙协议；

（五）法律、行政法规和国务院市场监督管理部门规定提交的其他材料。

国务院市场监督管理部门应当根据市场主体类型分别制定登记材料清单和文书格式样本，通过政府网站、登记机关服务窗口等向社会公开。

登记机关能够通过政务信息共享平台获取的市场主体登记相关信息，不得要求申请人重复提供。

第十七条 申请人应当对提交材料的真实性、合法性和有效性负责。

第十八条 申请人可以委托其他自然人或者中介机构代其办理市场主体登记。受委托的自然人或者中介机构代为办理登记事宜应当遵守有关规定，不得提供虚假信息和材料。

第十九条 登记机关应当对申请材料进行形式审查。对申请材料齐全、符合法定形式的予以确认并当场登记。不能当场登记的，应当在3个工作日内予以登记；情形复杂的，经登记机关负责人批准，可以再延长3个工作日。

申请材料不齐全或者不符合法定形式的，登记机关应当一次性告知申请人需要补正的材料。

第二十条 登记申请不符合法律、行政法规规定，或者可能危害国家安全、社会公共利益的，登记机关不予登记并说明理由。

第二十一条 申请人申请市场主体设立登记，登记机关依法予以登记的，签发营业执照。营业执照签发日期为市场主体的成立日期。

法律、行政法规或者国务院决定规定设立市场主体须经批准的，应当在批准文件有效期内向登记机关申请登记。

第二十二条 营业执照分为正本和副本，具有同等法律效力。

电子营业执照与纸质营业执照具有同等法律效力。

营业执照样式、电子营业执照标准由国务院市场监督管理部门统一制定。

第二十三条 市场主体设立分支机构，应当向分支机构所在地的登记机关申请登记。

第二十四条 市场主体变更登记事项，应当自作出变更决议、决定或者法定变更事项发生之日起30日内向登记机关申请变更登记。

市场主体变更登记事项属于依法须经批准的，申请人应当在批准文件有效期内向登记机关申请变更登记。

第二十五条 公司、非公司企业法人的法定代表人在任职期间发生本条例第十二条所列情形之一的，应当向登记机关申请变更登记。

第二十六条 市场主体变更经营范围，属于依法须经批准的项目的，应当自批准之日起30日内申请变更登记。许可证或者批准文件被吊销、撤销或者有效期届满的，应当自许可证或者批准文件被吊销、撤销或者有效期届满之日起30日内向登记机关申请变更登记或者办理注销登记。

第二十七条 市场主体变更住所或者主要经营场所跨登记机关辖区的，应当在迁入新的住所或者主要经营场所前，向迁入地登记机关申请变更登记。迁出地登记机关无正当理由不得拒绝移交市场主体档案等相关材料。

第二十八条 市场主体变更登记涉及营业执照记载事项的，登记机关应当及时为市场主体换发营业执照。

第二十九条 市场主体变更本条例第九条规定的备案事项的，应当自作出变更决议、决定或者法定变更事项发生之日起30日内向登记机关办理备案。农民专业合作社（联合社）成员发生变更的，应当自本会计年度终了之日起90日内向登记机关办理备案。

第三十条 因自然灾害、事故灾难、公共卫生事件、社会安全事件等原因造成经营困难的，市场主体可以自主决定在一定时期内歇业。法律、行政法规另有规定的除外。

市场主体应当在歇业前与职工依法协商劳动关系处理等有关事项。

市场主体应当在歇业前向登记机关办理备案。登记机关通过国家企业信用信息公示系统向社会公示歇业期限、法律文书送达地址等信息。

市场主体歇业的期限最长不得超过3年。市场主体在歇业期间开展经营活动的，视为恢复营业，市场主体应当通过国家企业信用信息公示系统向社会公示。

市场主体歇业期间，可以以法律文书送达地址代替住所或者主要经营场所。

第三十一条 市场主体因解散、被宣告破产或者其他法定事由需要终止的，应当依法向登记机关申请注销登记。经登记机关注销登记，市场主体终止。

市场主体注销依法须经批准的，应当经批准后向登记机关申请注销登记。

第三十二条 市场主体注销登记前依法应当清算的，清算组应当自成立之日起10日内将清算组成员、清算组负责人名单通过国家企业信用信息公示系统公告。清算组可以通过国家企业信用信息公示系统发布债权人公告。

清算组应当自清算结束之日起30日内向登记机关申请注销登记。市场主体申请注销登记前，应当依法办理分支机构注销登记。

第三十三条 市场主体未发生债权债务或者已将债权债务清偿完结，未发生或者已结清清偿费用、职工工资、社会保险费用、法定补偿金、应缴纳税款（滞纳金、罚款），并由全体投资人书面承诺对上述情况的真实性承担法律责任的，可以按照简易程序办理注销登记。

市场主体应当将承诺书及注销登记申请通过国家企业信用信息公示系统公示，公示期为20日。在公示期内无相关部门、债权人及其他利害关系人提出异议的，市场主体可以于公示期届满之日起20日内向登记机关申请注销登记。

个体工商户按照简易程序办理注销登记的，无需公示，由登记机关将个体工商户的注销登记申请推送至税务等有关部门，有关部门在10日内没有提出异议的，可以直接办理注销登记。

市场主体注销依法须经批准的，或者市场主体被吊销营业执照、责令关闭、撤销，或者被列入经营异常名录的，不适用简易注销程序。

第三十四条 人民法院裁定强制清算或者裁定宣告破产的，有关清算组、破产管理人可以持人民法院终结强制清算程序的裁定或者终结破产程序的裁定，直接向登记机关申请办理注销登记。

第四章 监督管理

第三十五条 市场主体应当按照国家有关规定公示年度报告和登记相关信息。

第三十六条 市场主体应当将营业执照置于住所或者主要经营场所的醒目位置。从事电子商务经营的市场主体应当在其首页显著位置持续公示营业执照信息或者相关链接标识。

第三十七条 任何单位和个人不得伪造、涂改、出租、出借、转让营业执照。

营业执照遗失或者毁坏的，市场主体应当通过国家企业信用信息公示系统声明作废，申请补领。

登记机关依法作出变更登记、注销登记和撤销登记决定的，市场主体应当缴回营业执照。拒不缴回或者无法缴回营业执照的，由登记机关通过国家企业信用信息公示系统公告营业执照作废。

第三十八条 登记机关应当根据市场主体的信用风险状况实施分级分类监管。

登记机关应当采取随机抽取检查对象、随机选派执法检查人员的方式，对市场主体登记事项进行监督检查，并及时向社会公开监督检查结果。

第三十九条 登记机关对市场主体涉嫌违反本条例规定的行为进行查处，可以行使下列职权：

（一）进入市场主体的经营场所实施现场检查；

（二）查阅、复制、收集与市场主体经营活动有关的合同、票据、账簿以及其他资料；

（三）向与市场主体经营活动有关的单位和个人调查了解情况；

（四）依法责令市场主体停止相关经营活动；

（五）依法查询涉嫌违法的市场主体的银行账户；

（六）法律、行政法规规定的其他职权。

登记机关行使前款第四项、第五项规定的职权的，应当经登记机关主要负责人批准。

第四十条 提交虚假材料或者采取其他欺诈手段隐瞒重要事实取得市场主体登记的，受虚假市场主体登记影响的自然人、法人和其他组织可以向登记机关提出撤销市场主体登记的申请。

登记机关受理申请后，应当及时开展调查。经调查认定存在虚假市场主体登记情形的，登记机关应当撤销市场主体登记。相关市场主体和人员无法联系或者拒不配合的，登记机关可以将相关市场主体的登记时间、登记事项等通过国家企业信用信息公示系统向社会公示，公示期为45日。相关市场主体及其利害关系人在公示期内没有提出异议的，登记机关可以撤销市场主体登记。

因虚假市场主体登记被撤销的市场主体，其直接责任人自市场主体登记被撤销之日起3年内不得再次申请市场主体登记。登记机关应当通过国家企业信用信息公示系统予以公示。

第四十一条 有下列情形之一的，登记机关可以不予撤销市场主体登记：

（一）撤销市场主体登记可能对社会公共利益造成

重大损害；

（二）撤销市场主体登记后无法恢复到登记前的状态；

（三）法律、行政法规规定的其他情形。

第四十二条 登记机关或者其上级机关认定撤销市场主体登记决定错误的，可以撤销该决定，恢复原登记状态，并通过国家企业信用信息公示系统公示。

第五章 法律责任

第四十三条 未经设立登记从事经营活动的，由登记机关责令改正，没收违法所得；拒不改正的，处1万元以上10万元以下的罚款；情节严重的，依法责令关闭停业，并处10万元以上50万元以下的罚款。

第四十四条 提交虚假材料或者采取其他欺诈手段隐瞒重要事实取得市场主体登记的，由登记机关责令改正，没收违法所得，并处5万元以上20万元以下的罚款；情节严重的，处20万元以上100万元以下的罚款，吊销营业执照。

第四十五条 实行注册资本实缴登记制的市场主体虚报注册资本取得市场主体登记的，由登记机关责令改正，处虚报注册资本金额5%以上15%以下的罚款；情节严重的，吊销营业执照。

实行注册资本实缴登记制的市场主体的发起人、股东虚假出资，未交付或者未按期交付作为出资的货币或者非货币财产的，或者在市场主体成立后抽逃出资的，由登记机关责令改正，处虚假出资金额5%以上15%以下的罚款。

第四十六条 市场主体未依照本条例办理变更登记的，由登记机关责令改正；拒不改正的，处1万元以上10万元以下的罚款；情节严重的，吊销营业执照。

第四十七条 市场主体未依照本条例办理备案的，由登记机关责令改正；拒不改正的，处5万元以下的罚款。

第四十八条 市场主体未依照本条例将营业执照置于住所或者主要经营场所醒目位置的，由登记机关责令改正；拒不改正的，处3万元以下的罚款。

从事电子商务经营的市场主体未在其首页显著位置持续公示营业执照信息或者相关链接标识的，由登记机关依照《中华人民共和国电子商务法》处罚。

市场主体伪造、涂改、出租、出借、转让营业执照的，由登记机关没收违法所得，处10万元以下的罚款；情节严重的，处10万元以上50万元以下的罚款，吊销营业执照。

第四十九条 违反本条例规定的，登记机关确定罚款金额时，应当综合考虑市场主体的类型、规模、违法情节等因素。

第五十条 登记机关及其工作人员违反本条例规定未履行职责或者履行职责不当的，对直接负责的主管人员和其他直接责任人员依法给予处分。

第五十一条 违反本条例规定，构成犯罪的，依法追究刑事责任。

第五十二条 法律、行政法规对市场主体登记管理违法行为处罚另有规定的，从其规定。

第六章 附 则

第五十三条 国务院市场监督管理部门可以依照本条例制定市场主体登记和监督管理的具体办法。

第五十四条 无固定经营场所摊贩的管理办法，由省、自治区、直辖市人民政府根据当地实际情况另行规定。

第五十五条 本条例自2022年3月1日起施行。

《中华人民共和国公司登记管理条例》、《中华人民共和国企业法人登记管理条例》、《中华人民共和国合伙企业登记管理办法》、《农民专业合作社登记管理条例》、《企业法人法定代表人登记管理规定》同时废止。

司法部、市场监管总局负责人就《中华人民共和国市场主体登记管理条例》答记者问

2021年7月27日，国务院总理李克强签署第746号国务院令，公布《中华人民共和国市场主体登记管理条例》（以下简称《条例》），自2022年3月1日起施行。日前，司法部、市场监管总局负责人就有关问题回答了记者提问。

问：请简要介绍一下《条例》制定的有关背景情况。

答：市场主体登记管理制度是市场主体开展经营活动的基础性制度，事关市场主体合法权益保护、市场秩序维护以及营商环境持续优化。党中央、国务院高度重视市场主体登记管理工作。改革开放以来，我国先后出台了《中华人民共和国企业法人登记管理条例》《企业名称登记管理规定》《中华人民共和国公司登记管理条例》《中华人民共和国合伙企业登记管理办

法》《企业法人法定代表人登记管理规定》《农民专业合作社登记管理条例》《个体工商户条例》等多部规范市场主体登记管理的行政法规，在推动经济发展、促进创业就业等方面发挥了重要作用。与此同时，现行市场主体登记管理制度也逐渐暴露出一些与新时期市场主体发展不适应、不协调的问题：一是立法比较分散，针对企业法人、公司、合伙企业、农民专业合作社、个体工商户等不同市场主体分别立法，登记管理法规体系比较零乱，不利于为市场主体提供清晰的指引。二是制度规则不统一，在市场主体登记事项、登记程序、监督管理、法律责任等方面差异较大，有的规定存在重叠，制度规则的系统性、科学性有待提升。三是内容相对滞后，不符合当前实际情况，特别是与近年来深化商事制度改革，继续大力简政放权，强化事中事后监管，扫除妨碍创业创新的制度羁绊的要求相比，还有较大差距。四是新情况、新问题需要予以回应。例如，市场主体“注销难”、虚假登记尤其是“冒名登记”等问题，市场主体因自然灾害、事故灾难、公共卫生事件、社会安全事件等原因造成经营困难，需要通过歇业降低维持成本等，需要在制度层面予以规范。因此，亟需完善统一的市场主体登记立法，更好地推进法治化市场建设，维护良好市场秩序和市场主体合法权益。

司法部会同市场监管总局认真总结近年来市场主体登记制度改革成果，深入调研论证，广泛听取有关部门、地方人民政府、市场主体、有关行业协会和社会公众的意见建议，起草了《条例》。

问：制定《条例》的总体思路是什么？

答：总体思路：一是深入贯彻落实党中央、国务院关于深化“放管服”改革的决策部署，充分体现改革成果，进一步完善市场监管法规制度，优化登记流程，压缩登记环节，精简申请材料，降低制度性成本，减轻企业负担。二是坚持依法规范市场主体登记工作，统一各类市场主体登记的制度规则，明确登记事项、登记程序、具体要求等方面的共同规则。三是坚持问题导向，对各方面高度关注的登记材料繁杂、市场主体“注销难”、虚假登记等突出问题作出有针对性的规定，强化事中事后监管。四是准确把握行政法规定位，主要明确市场主体登记管理基本制度，为国务院市场监督管理部门根据市场主体类型和实际需要细化相关规定、持续深化改革预留制度空间。

问：《条例》适用于哪些市场主体的登记管理？

答：《条例》适用于在中国境内以营利为目的的从事

经营活动的各类市场主体，包括：公司、非公司企业法人、个人独资企业、合伙企业、农民专业合作社（联合社）以及它们的分支机构，个体工商户，外国公司分支机构，以及法律、行政法规规定的其他市场主体。市场主体应当依照《条例》办理市场主体登记。市场主体登记包括设立登记、变更登记和注销登记。除法律、行政法规规定无需办理登记的外，未经登记，不得以市场主体名义从事经营活动。

问：《条例》对登记机关提出了哪些工作要求？

答：市场主体登记管理遵循依法合规、规范统一、公开透明、便捷高效的原则。国务院市场监督管理部门主管全国市场主体登记管理工作，应当加强信息化建设，加强信息共享，制定统一的市场主体登记数据和系统建设规范。县级以上地方人民政府市场监督管理部门主管本辖区市场主体登记管理工作，加强统筹指导和监督管理。登记机关应当优化市场主体登记办理流程，推行当场办结、一次办结、限时办结等制度，实现集中办理、就近办理、网上办理、异地可办，提升市场主体登记便利化程度。国务院市场监督管理部门和国务院有关部门应当推动市场主体登记信息与其他政府信息的共享和运用，提升政府服务效能。

问：市场主体应当登记和备案事项主要有哪些？

答：市场主体的一般登记事项包括：名称，主体类型，经营范围，住所或者主要经营场所，注册资本或者出资额，法定代表人、执行事务合伙人或者负责人姓名等。此外，不同组织形态的市场主体还应当分别登记其他相关事项，例如有限责任公司股东、股份有限公司发起人、个人独资企业的投资人、合伙企业的合伙人及其承担责任方式等。

市场主体的备案事项包括：市场主体的章程或者合伙协议，经营期限或者合伙期限，认缴出资数额，公司董事、监事、高级管理人员，农民专业合作社（联合社）成员，参加经营的个体工商户家庭成员姓名，公司、合伙企业等市场主体受益所有人相关信息等事项。

问：在登记程序方面，《条例》作了哪些规定？

答：一是市场主体实行实名登记，登记申请人应当对提交材料的真实性、合法性和有效性负责。国务院市场监督管理部门根据市场主体类型分别制定登记材料清单和文书格式样本并向社会公开。能够通过政务信息共享平台获取的相关信息，不得要求申请人重复提供。二是登记机关对申请材料进行形式审查，对申请材料齐全、符合法定形式的予以确认并当场登记；不能当场登记的，应当在3个工作日内予以登记；情形复杂的，经登记机关负责人批准，可以再延长3个工作日。三是设立登记、变更登记、注销登记应当符合《条例》规定的要求。四是市场主体未发生债权债务或已清偿债权债务，已结清职工工资、社保费用、应缴税款等，书面承诺承担相关法律责任并按规定公示的，可按简易程序办理注销登记，个体工商户无需公示。

问：在加强事中事后监管方面，《条例》作了哪些规定?

答：一是市场主体应当按照国家有关规定公示年度报告和登记相关信息。二是市场主体使用营业执照应当遵守相关规定。三是登记机关应当根据市场主体的信用风险状况实施分级分类监管，采取“双随机、一公开”方式进行监督检查。四是明确了登记机关查处违法行为可以采取的措施。五是对于提交虚假材料或者采取其他欺诈手段隐瞒重要事实取得市场主体登记的，受虚假市场主体登记影响的自然人、法人和其他组织可以向登记机关提出撤销市场主体登记的申请，登记机关依法撤销相关市场主体登记。六是明确了违法行为的法律责任，增强了行政处罚的针对性，以更好地维护诚实守信、公平竞争的市场秩序。

问：《条例》建立歇业制度的主要考虑是什么，具体作了哪些规定？

答：新冠肺炎疫情发生以来，部分市场主体因受疫情影响，暂时无法开展经营活动，但仍有较强的经营意愿和能力。为降低市场主体维持成本，保护市场主体合法权益，《条例》规定了歇业制度。《条例》规定：因自然灾害、事故灾难、公共卫生事件、社会安全事件等原因造成经营困难的，市场主体可以自主决定在一定时期内歇业。市场主体应当在歇业前与职工依法协商劳动关系处理等有关事项。市场主体应当在歇业前向登记机关办理备案，登记机关通过国家企业信用信息公示系统向社会公示歇业期限、法律文书送达地址等信息。市场主体的歇业期限最长不得超过3年，在歇业期间开展经营活动的视为恢复营业。市场主体歇业期间，可以以法律文书送达地址代替住所或者主要经营场所。

中华人民共和国市场主体登记管理条例

ZHONGHUA RENMIN GONGHEGUO SHICHANG ZHUTI DENGJI GUANLI TIAOLI

经销/新华书店
印刷/北京海纳百川印刷有限公司
开本/850 毫米×1168 毫米　32 开　　印张/1　字数/11 千
版次/2021 年 8 月第 1 版　　2021 年 8 月第 1 次印刷

中国法制出版社出版
书号 ISBN 978 -7 -5216 -1859 -4　　定价：5.00 元

北京市西城区西便门西里甲 16 号西便门办公区
邮政编码 100053　　传真：010 -63141852
网址：http：//www.zgfzs.com　　**编辑部电话：010 -63141673**
市场营销部电话：010 -63141612　　**印务部电话：010 -63141606**

（如有印装质量问题，请与本社印务部联系。）